Ritual
Papaya

Yaissa Jiménez

Santo Domingo, 1986. Escritora, poeta, guionista. Se ha desempeñado en su ciudad natal como *ghost writer*, editora, reseñista y desarrolladora de contenido. Sus ensayos y artículos de opinión exploran temas de afro-descendencia, caribeñidad, feminismo, artes culinarias y protección medioambiental. Publicó *Encuentro con inmortales* en el 2014, una colección de poesía erótica. *Ritual Papaya* es su segundo libro.

ZEMI BOOK™

Yaissa Jiménez

Ritual Papaya

Zemí Book
(Colección Montra)

SAN JUAN - SANTO DOMINGO - NEW YORK

Próximos títulos en *Colección Montra*:

Stonefox
Sinny

Gift of Tongue
Penélope Santos

Perséfone
Gaudy Mercy

El volcán de la matriz electro-elástica
Neronessa

Funda de supermercado y otros accesorios para el pelo
Bautismo López-Madison

Información sobre pedidos. Descuentos especiales disponibles en compras de gran cantidad por corporaciones, asociaciones y otros. Para obtener más información, comuníquese con los editores en **ventas@zemibook.com**.

sales@zemibook.com
www.zemibook.com

Título: *Ritual Papaya* © 2018 por Yaissa Jiménez
ISBN: 978-9945-9129-3-7
Impreso en los Estados Unidos
Arte de cubierta: Enrique Despradel Marion-Landais
Diseño de portada: Critical Hit Studios

Ritual Papaya

CONTENTS

MIS PERROS PRIETOS
EN TU PUERTA

No te sorprendas del puñal en tu nuca.
Que no te llegue tarde
el mensaje previo de que ya es hora.
Soltaré a mis perros prietos, Caballo.
Los soltaré en tu entrada esta noche,
mientras evitas el punzón,
mientras aprietas tu puerta con la silla
y cruzas los dedos.

Te dejarán la piel seca y los ojos brotados.
Te van a untar el sudor
que dejé impregnado en los rechazos.

Reza, que llega la Pechúa por la puerta.
Reza, que mandé a mis santos atizaos
a que te jalen los pies en la noche,
las cuerdas vocales al medio día
y el tímpano más débil los días de lluvia ácida.

No jodas a mis santos, Cabrón.
No los jodas, que se mueven en tu psiquis.
Liborio se sintió inquieto hoy, Cristiano,
no jodas a mis perros prietos,
que no estoy relajando.

Mamá e' bruta
cuando le señalan la bemba.
Mamá e' muy bruta
si le amenazan
el ébano de sus ojos.
Y más si le relajan su pluma,
que punza la brisa
escribiendo mensajes reales
que quedan como portales abiertos
pá que entre la dicha a su casa.
No jodas a Mamá, que está tratando
de quitar el lodo que dejaste.

Mamá se tá relajando ahora.
No le muevas la silla,
que está a punto de cerrar la catarsis.
Esa mueve todo lo bueno
y el poder de lo contrario le ha dado fuerzas.

Deja que se serene la loca.
Zambúllete en el closet y no salgas.
Deja que se serene la loca.
Que se me sueltan los perros fácil, fácil.

LUNA DE PLATA

Carente de miedo.
Andando los prados azules
del sol y sus verdades.

Vehemente y humana.
Salpicada de vuelo.
Simple y resistente,
como el aire, no como el oro.
Eterna y amplia.

Dátil dulce, sal de siempre.
Compendio de muchos versos.
Verso de una letra, estrofa en construcción.

Oportunidad en el tiempo.
Tiempo sin resistencia a la lucha.
Lucha sin resistencia a la fe.

Amor.
Creencia sin dolor,
dolor que muta en Esencia.

Rocío de todos los prados.
Cúrcuma de todas las tierras.

Amantes de sal

Cásate conmigo Chichí.
Yo te daré mis dedos sin huella
y tu me permitirás tomar de tu aliento
los botoncitos de sal
que te quedan en la lengua
cada vez que te zambulles
y hablas con la patrona.
A la ola más cercana
le pediremos prestada su energía pa' vivir,
y si nos bendice dos veces,
también lo hace la luna.
Nos daremos calor a temperatura atardecer
y el fresquito en tenor menguante.
Nos quedaremos cubiertos de arena fuerte
durante la tormenta necia
y seremos el techo inquebrantable
de la choza más alta del Caribe.

CHIQUI Y VENENO

Chiqui anda rondando por tu calle
sobando el puñal chiquito.
Salta y cáete de la cama,
codéate con tus memorias.
Recuerda el cuento de El Preso,
que ese se salvó a chepa
solo por diligente.

A Veneno le gusta el pulso Del Manco,
afila mucho mejor que Wilkin.
Repasa el machete con la lija bailando en zig zag,
dejando la hoja medio mocha al medio.
El corte queda aniquilante,
dolorosamente hundido en la piel,
dejando uniones que hacen que grites,
que se te quebrante el sentido,
que confieses todo,
que digas hasta lo que no sabes.

Chiqui y Veneno
pararon donde Juanita por su café,
que es que el café de La Rubia
ya no tiene canela.
El café de La Rubia ya no aguanta romo.
Está tan claro que no aguanta ni la melaza.
El tabaco le gana al sabor del café de La Rubia.
Ya La Rubia lo que hace es casi un té sin gracia.

Chiqui se puso el paño morao
pa' que el trabajo tenga sabor a viernes santo.
Veneno se da por pago
con haberse trenzado a lo "Iverson"
en la nueva silla alquilada de Rudy.
Quieren volver a sentirse
como en el primer trabajo,
como cuando, aún sin cédula,
sajaron a Crucita quita marío,
a Crucita boca floja,
a Crucita "priva en mayimba".
Todo por encargo de Ligia Voltaje,
el primer roce con el sazón de la gloria.

Y se acercan quietecitos,

y pisan las verduritas
y el cilantro ancho de tu jardín.
Con tacón de aguja, Chiqui se clava,
como una punzante metáfora,
en la tierra negra de tu entrada,
y Veneno se limpia
las lodosas suelas en tu galería.

Y te tocan la puerta voceando "vecino".
Y te gritan que abras,
que tienen que hablar contigo.

No hay ojo de gato que te libere de esa charla.
Abre y ponte ligero y sincero,
ponte dispuesto y complaciente,
amarra tus palabras de un rosario y reza
para que no te tiemblen la garganta,
ni las manos,
ni la risa.

Día de mierda

El día de hoy
se ha propiamente bautizado como Coñaso
y en su puerta nos esperan
los Odre-Bati-Compañeritos.
Cada uno con la correa de papi en sus manos,
ajustando la hebilla pa' la pela con berrón.

Coñaso,
el día más "me lleva el diablaso" de la semana,
baila como arlequín
en un tanque de guerra de norte a sur,
contempla cual gangsta a los isleñitos y les dice:
"Móntate en eta menol,
que mi menudo
no te tiene piedad pa' devolverte".
Y para terminar su vívida sátira,
el día de hoy nos "monta una pura".
Que dicen los honorables
que no tienen problema,

que si Danilito
quiere de nuevo la silla y la ñoña,
le decimos "shi, arurudadi"
y levantamos la manito diciendo
"...ción Papá".

Reencuentro con la leyenda melaza

Mi Pai…
Un tiempo atrás:
Cada tanto Milito se dejaba ver por el sol.
Le permitía comer trocitos de melaza
y melanina de aquel rostro,
una tibia combinación
de marcas de panela
y manjares de moriviví.
Ese santo
marcaba su rastro a pasitos chiquitos,
bien sembrados en sus pies,
con zapatos que arrastraban aún
cuotas de tierra de Hato Mayor del Rey.
Un tipo de caliche muy seco
y un polvo arenoso recio
que se pegaba duro a la suela y al corazón.
Él, y el rey de sus mil ministerios,
Don Mario Emilio,

acarreaban el mismo tipo de pesar,
la mismas agonías,
el mismo chivito asustado en los ojos,
el mismo concón
por las mujeres de alma carnosa
y el mismo amor asustadizo
por el cariño real y silvestre.
Cinturones apretados,
comunismo paulatino,
genialidad y sinvergüencería,
zurcido todo
en un mismo cuerpo magro y de roca.
Agárrate, existencia cimarrona,
que del azúcar pardo,
de estos gestos del bembú,
ha nacido ya la descendencia
que guarda con celo su sangre.
Dando pasitos de honra,
sudando los mismos pesares,
tallando caminos sin mapa
y comiendo dátiles y mieles nuevas,
mucho más cercanas,
y apuntando al cielo directo y sin escala.

Aceites

Los óleos no corrompen nada.
Se untan, se unen, se mezclan.
Son nobles.
Silvestres macadamia, olivo, coco y eucalipto.
Virtuosos karité, verbena, romero y canela.
Recompensantes uva, árbol del té y ricino.
Bendiciones oleaginosas,
sorpresas de Pachamama.
Sabiduría ancestral
prensada en el centro de las semillas.
Resistentes a todo.
Gratuitos como la existencia.

TE LA VUELVO A TRAER

A Chavela Vargas

El regreso, Chavela hoy regresa.
Refutas y le dices a su lengua
que no te hable, que duele.
A su boca que no te bese, que pica.
A sus dedos que no te toquen,
Chavela, que te pintan.
Soy de las que te alientan a sentirla,
y es con su ropa puesta, mi bella,
que te beso el alma,
que te sobo las tetas, Chavela,
que te beso la espalda.
Es sin temor, Chavela, que te la recuerdo,
para eso uso flores en mi cabello,
para eso te pinto su firma con mi saliva.
No soy yo, Chavela, son sus ojos que te miran
No soy yo, Chavela, nunca lo he sido,

soy ella, ha vuelto Chavela
para decirte que te quiere besar.
Entrégame el trago y bébelo en mi boca,
hazte mil mundos en tu cabeza, hermosa,
que no tengo más palabras para evocarla.
Entre tus piernas, Chavela, ni siquiera respiro.
Porque te quiere morder el alma Frida,
porque te quiero morder el alma yo.
Cuando la noche se acabe,
guardarás el rifle escondido en tu boca,
cuando el día vuelva, me vestiré
y tú me buscarás de nuevo llorando,
pa' ver si gritar su nombre
la despierta y te vuelve a ver.
Pa' ver si con mi rostro prestado
te acoge en mi abrazo
y te mato el frío con copias de su calor.

Garras de acero

Un pedazo de discurso
quiere autodestruirse hoy mismo,
así que se coloca balas en las entrañas
y las empuja con dedos de tinta.
Las garras de acero del hablador
han rasgado el argumento sobrante
en aquel trozo de discurso,
por eso no quiere existir más.
Ese pedazo de discurso
quiere flotar en las venas del cinismo público,
de la acción pública,
de la destrucción de los públicos
y de la enajenación de las masas;
eso sí es veneno letal.
Las garras de acero del hablador
construyen al sustituto, reescriben con elogios,
promesas y bastante baba,
los nuevos rollos de papel discursivo.
Tan válido para escupir como para ir a baño,

tan válido para palabrerías crudas
como para redactar las nuevas ofensas,
flameadas con populismo
y servidas por radio, televisión,
prensa e internet.
En la esquina de las cabezas vacías
que se cuadran para recibir
el nuevo pergamino,
ronda la esencia dispersa del hablador,
con sus garras de acero,
con la certeza de la victoria.
Y así pulula en medio de nuestra
cuota indeleble de osadía,
así se siembra en las posibilidades
de líderes antisistema.
Las verdades que se supone sostenían su lomo
ahora se desvanecen de las pupilas
de aquel trozo de discurso que no soporta más,
pero que, sin razón aparente,
no ha podido morir.
No entiende. Sufre, pero no muere.
Sangra, pero no sucumbe.
Se ahorca, pero no deja de respirar.
Las garras de acero del hablador

doblan y enmarcan al sustituto
Se pone los guantes blancos,
la máscara azul y el traje bien limpio
para asistir, cual canalla,
al sepelio del trozo de discurso.
Y allí lo vemos, a la derecha del estrado.
Sentado, y por debajo, ponzoña y daga,
va desgarrando la nuca
del inmortal pedazo de discurso suicida.

DOS PESOS DE NADA

Quiero comprarle dos pesos de nada, a nadie.
Tirar al viento dos monedas
y que se estrellen contra el concreto.
Que tiemble el pedazo de tierra
y sus alrededores.
Que el impacto derribe
un par de altares en el proceso.

Quiero comprarle dos pesos de nada, a nadie.
Y con la voluntad de mis soles
seguir caminando, dejar atrás la gentileza
de quien miente y sufre,
de quien estafa y se hace indiferente,
sólo porque el capital debe mantenerse intacto.

Sinfonía de los días opacos

Ocultarme de los días sin gloria.
Salir del aire y no regresar hasta solo ser polen.

Retroceder.
Volver a la matriz de mi madre y cerrar la puerta.
Devolver el ciclo.
Des-inhalar, des-exhalar.

Destejer mis tejidos.
Deshinchar los glóbulos y desteñir mi sangre.
Planchar las venas con un filo tan opaco
que desaparezcan en su delgadez.

Roer mi médula.
Polvo fino,
huesos en desíntegro retorno,
sin humedad que les una,
sin compactación que les comande a ser.

Y caer en el suelo literalmente vacía,
piel ceniza y desinflada entre hojas secas.
Como una costra
de lo que nunca debió ser o estar.
El caparazón sin alma de un tiempo
que me cubrió sin mi permiso.

Y que la tierra me trague.

DOCE ESTACIONES

Hay doce estaciones que tiñen estos ojos:

1. ***La estación de despedida.*** Un día el adiós se volvió tan cercano que no solo le abrí las puertas, sino que nos sentamos y nos pusimos a soñar con lo que vendría.

2. ***La estación de agua.*** Dos días después de que morí de sed, me di cuenta de la mucha vida que todavía quedaba en el oxígeno guardado en mi sangre.

3. ***La estación dorada.*** Me desenamoré del oro a la brevedad el día en que los latidos del corazón de mi madre fueron la mayor riqueza, la mayor alegría, el mayor de los regalos.

4. ***La estación de piel.*** Me toqué entre las piernas mucho antes que otras manos lo hicieran;

en el expediente de mi piel estoy primero yo
como referente, desde allí el placer o se acerca
a ese tacto o no tiene invitación válida.

5. *La estación cilantro.* Solo hasta los trece años,
cuando dejé el pedazo cimarrón que era mi
universo, fue que supe lo que era comprar
verduras para la comida. El jardín de la casa
que me parió nunca dejó de ser fértil, así
como las miradas inconclusas de mi barrio,
así como mi amor por esa calle y esos días.

6. *La estación en vela.* No dormía, el sueño
me fue negado por mi propia insistencia de
perfección. Aún me visita la insistencia de
vivir sin descansar, el deseo de comerme los
segundos hasta los huesos. Pero tengo ya a esa
bestia domada.

7. *La estación coronada.* Soy la reina de mi
vida, la protectora de mis días, la soberana
de mi cuerpo, la matriarca de mis rituales, la
inquisidora implacable de mis letras.

8. *La estación al filo.* Sostuve en mis manos el
machete más oxidado de estas tierras y aún

así mi mirada se perdió en su filo, vi a todos mis ancestros sonreír en aquella hoja; nunca estuve tan agradecida.

9. *La estación Candelo.* En tierra caliente vi el rostro de papá Candelo. Me bautizó con fuego y finalmente pude volverme descaradamente devota.

10. *La estación bombona.* Conciliar frente al espejo y domar sus artes. Son mis ojos los que miran, describen, analizan y entregan veredicto, no el reflejo.

11. *La estación dispersa.* La fragilidad es buena; no eterna, pero sí aleccionadora.

12. *La estación ... Procesos.* Procesos, ajustes y continuar. Que la rabia y la fuerza son dos energías que cargo en mis hombros, atadas con cintas de seda ancestral, disponibles para mí como la tierra, como el viento, como mis ideas.

TIERRA NEGRA

La tierra negra, fértil y plena, habló:
"Yo le pertenezco a quien me cuida".
Ese es el grito que se escucha en el subsuelo
si entierras las orejas en medio del cultivo.

Las manos del campo abrazaron dos veces
el alma de la semilla y nunca se escuchó
canción tan plena.
Nunca se abrió tanto el sonido
intrauterino de Pachachama,
y solo los fieles sin capital escucharon
el canto de agudo sonido:
"Quiero hijos con las manos repletas de mí,
con las uñas negras y pintadas de vida,
quiero hijos que besen mis hojas con celo,
quiero hijos que retornen
mis alimañas acariciadas
y devueltas a mis entrañas con caminitos de sol,
quiero solo como mis hijos

a quienes me mineralizan
con el sudor de su frente,
de quienes me sé los pasos,
de quienes mis capas tienen memoria".

Y cuidado con no perseguir
el sonido de la patrona
Cuidado con deshacer de la memoria
su determinado reclamo.
Canten la canción y ejecuten el mandato.
Que los hijos de la tierra
deben obtener
por fin
su herencia y su legado.

Un pasito para 'tras

La señal de retirada es el delito no cometido.
La reversa ante el Triángulo de las Bermudas.
El "baraja" antes del "aiura".
La señal de retirada
es el Motoconcho pasando tres veces.
Tu mai sobando la chancleta desde lejos
y paseando "al-pa-sito".
Un meme nacionalista
saliendo como primer post
en un "grupo nuevo".
Eso te dice, sal por la derecha, Nicanor,
que la cosa se va poner pior.
Las señales de retirada tan regá como el moriviví.
Rocían nuestro bembe a cada rato.
Basta con abrir los ojos como do' peseta,
basta con comerse las ganas de ser Rambo
y comenzar a cogerle cariño a ser Houdini.

Un maldito tíguere de Los Mina

Y sí, me crié con un gato.
Desde sus pedestales me enseñó a arañar,
a mirar por encima de los galeones.
A desconfiar del indulto
protegido por las chancletas de las matronas.

Me crié en un charco 'e lodo,
con dulce de coco en la lengua.
Hirviendo el agua de mi niñez
para aprender a salir del barrio.

El cuero más cuero
que por tener una mai cuero
se volvió cuero por herencia,
desde su condición se hizo mujer.
Desde su altura me dio a entender
que si bien era cuero, era gallo 'e pelea también.
Que sus uñas untaban veneno cancerígeno.

Que picarle un ojo era una sentencia automática.

Me crié con la bomba como referencia
y las vueltas a la manzana
eran mis vueltas al mundo.
Recreando los sueños de estar
al otro lado de la avenida.

Me empujaron el catolicismo por los tímpanos.
Nos convocaban a misa
calcinando la independencia a su conveniencia.
Me despertaron un domingo sin sol
para ponerme vestido blanco
y hacerme tragar un sacramento
hasta por la nariz.

Que Los Mina, bendita y formadora, me hizo.
Formó una coraza de hierba
y colores en mis ojos.
En su fortaleza crecí fuerte.
Porque formar cobardes no es su estilo.

Corriendo a través del humo de la protestas
salí libre y peligrosa.

Me formó la 21,
con el hoyo frente a mi antigua casa.
Ese maldito estanque
que quiso tragarme más de una vez.

Me trató como a la hija protegida
de sus ancianos venerables.
Me abrigó desde mi cuna y me enseñó a crecer.
Me dijo que estaba bien ser escritora
y una tiguerasa.
Me mandó flores energéticas
el día de mi primer verso.
Me dijo tantas cosas al oído,
cosas lindas con sabor a mentas de mantequilla,
como los domingos de andar bonito,
como la barriga con mil sazones
después de Nochebuena.

Cuando Los Mina me regurgitó salí limpia.
Con conocimientos de quien es el amigo
y quien el enemigo.
Salí con el pan debajo el brazo
y seis ojos en mi nuca,
pa' descubrir el embrujo,
la tertulia y el comadreo.

Me dejó marcas amargas en las orejas,
en las rodillas, en el cráneo y en las ideas.
Me tatuó su nombre en los pies.
Es inevitable.
Son los pasos de concreto
que dejan mi marca al pasar.

Que de allí salen los necios
con rutinas preparadas pa'l acelere.
Si te lleva de la Pachamama Los Mina,
te reencontrarás con el dolor y la alegría
en un mismo vaso sin fondo.
Bienvenidos a la jungla amable
que te vuelve mago con el truco preparao.

Y VIVÍ CON UNA LEYENDA

Dedicado al "Duende".
Una sombra de siempre,
un gracias eterno.

De amor no va el cuento compadre,
que ese era un maestro y una herida.
Raro sí, pero la vaina del amor
y la admiración se llevan muy poco.
Es que el varón azul sabía de trucos y azares.
Sabía de azules y sobaba naranjas,
nalgueaba verdes de fe
y definitivamente luchaba a diario
con rojos de muerte.

Lo buscaban pa' matarlo al bendito.
Todos los días en la puerta
un cimarrón tocando madera,

loco por desgarrar su garganta.
Claro, a mano pelá,
porque hasta mañas adornaban la venganza.
Querían sangre brotando, ojos saltones,
comerse sus sesos y tragarse su aliento.
El varón abría tranquilo la puerta,
sin miedo y los fantasmas se esfumaban.
Pero de que querían sajarlo, sí que querían.

Su leyenda sostenía dos soles recién nacidos
a dos pequeños dioses
que se soldaban aún de su oreja.
Son retoños de armamento claro
y con la genialidad de Krishna.
Son tinajitas recién armadas,
nuevas de este siglo,
pero elaboradas con barro persa,
más antiguo que el viento,
nacido desde los cimientos
de la Tierra Santa perdida.

Caramba, qué chulo le salía
el tumbao de sus mejillas, compadre.
Sonreía con la gracia

de quien tiene el plancito resuelto.
Desgarraba murmuraciones
con solo subir cabeza.
Mandaba al diablo
con elevar los hombros y mirar disimuláo.
Ah, que era brujo también,
y maestre en asuntos de Babalawo.

Y soñaba, todos los días.
Despierto y en nostalgia soñaba.
Hinchaba sus rizos con tantos sueños curiosos
que ya el crespo se había vuelto imposible.
Se recostaba siempre de sueños tan densos
y salados que su cuerpo flotaba sobre las sábanas,
pero su cabeza permanecía ceñida a la almohada,
como ancla inconexa,
apropiándose de sus aspiraciones de vuelo.

Un día, a la leyenda le dije adiós.
Con la voluntad y el cetro que me adornan,
me despedí del maestro,
pero también de la herida.
No guardé luto porque no quería.
Sostuve el pesar en una mano,

me fui rodando a la playa,
agarre el recuerdo como cenizas
y con el agradecimiento como consigna,
le dije adiós al embrujo,
a los soles y al varón
y a su ya innecesaria compañía.

En mascabado se queda

Y así debe ser.
¿Qué, es que el azúcar no les ensenó nada?
No refinen lo que no autoriza ser "refinado".

Palidecer los nutrientes por capricho.
Engullir el ámbar por deplorable cuasi estética.
Desarmar el negro.
Corromper la melaza cocida en los siglos.
Reducir la descomposición ruda.

¿Y para qué?
Para corromper los torrentes con cocaína dulce.
Para someter, como a las voluntades,
a la conciencia colectiva.
Todo a base de colores brillantes,
todo a base de mentiras.

Más bien échate a un lado, Camaleón.
Déjame con mi ámbar corpulento.

Déjame con mi otoño Caribe.
Déjame desarmar mi zafra
sin tu maldita intromisión innecesaria.

El diablo y yo

Y hace mucho tiempo
que yo me reconcilié con el diablo.
Le envié cartas perfumadas con aroma de coco.
Me sobó los pies
mientras recitaba salmos urbanos.
Me quitó las lagañas con tal ternura,
que evitó arañarme con sus garras.
Me subió en su lomo y bailamos
mientras yo lloraba de la risa por el panorama.
Nos confesamos secretos morbosos,
nos aplicamos bengué mutuamente,
nos repartimos los insultos al Dios católico,
y le enviamos un mail de amor eterno
al dios pagano.
Y al terminar la velada nos besamos,
nos dijimos te quiero
mientras él se desintegraba en mis brazos.

Honrando bendiciones

Púrpura noche la de anoche,
y en honor a sus bendiciones,
y a las gotitas dulces que vienen con ellas.
Untadas en cerveza,
disueltas en sus sonrisas,
disparadas en tabaco.
En honor a las bendiciones en la palabra.
Asumidas y divididas en verso,
sumergidas en conversaciones leves,
lúdicas, bonitas, sinceras.
Que de la dicha me sirvo
vasos llenos cada vez
que las almas se entrelazan en vigilia.

RESILIENCIA VOLUNTARIA

He muerto tantas veces ya...
Haciendo un recuento,
creo que han sido cinco.
Demasiada muerte en una misma vida,
pero resurrecciones a la par les admiten.
Me ha llevado la parca
y yo le he regresado el beso.
Me ha soltado los pies la llorona
y cantamos juntas una cumbia cuando volvía.
He visto al barquero
y entregado mis dos monedas,
he regresado del viaje
y le he pagado la vuelta con versos.

Maldita sentencia

¡Enséñame tus encías!
No Raulito, naciste de un útero sin nombre.
No te toca piñata.

Dame un momento Raulito,
me gusta dar sentencia previa
Tu tienes que ser...
El hijo de la nada,
o la única verdad validable
pero enterrada en arena seca.

Pero pondremos esta cláusula 1A:
¡Nunca te enterarás de tu poder!

Denme una venda,
no, esa no, la que se anuda dos veces.
Codifica la ira como único método para todo,
no le des tregua, que si hace conciencia se escapa.

Espera Raulito me faltan algunas puñaladas.

Un par de rallones más en tu sentencia

Veamos:

Dile que vale lo que gana,

y que gane poco, muy poco siempre, casi nada.

Dile que la tierra no le pertenece

como a nosotros,

pero pónselo en el subconsiente,

que si encuentra ese comando,

lo arranca y hasta las uñas

se despega del cuero para borrárselo.

Métele, pero profundo, eso de su minusvalía,

que este tiene los músculos en doble cadeneta;

que si hace fuerte su fuerza, estamos jodidos.

Espera.

Un coñaso más para el recién llegado:

Tres premisas:

No tienes ancestros.

¡Comer es primero!

Vivirás para servirme.

Piropo

No, no soy un poema.
Soy una sátira, y me gusta.

NAZIONALISMO PROFANADO

"Dualte (sí, con "L", coñaso)
murió por mi derecho de beber
cuando a mí se me pegue la gana".

(bis)

(Pero con cuadre bien patriota ahora.)

Sin dar plomazo y con la funda en la espada.
Mi falta de nazionalismo me invita
a omitirlo en cualquier poema,
pero la ravandolería bohemia
coloca palabras sin filtro
en este temporal anti sumiso
que me quita el sombrero
ante las palabras que, silvestres,
se unen en mi beneficio.

Doña Tatá

Véase a través de mis ojos doña Tatá,
dese una chekeadita esta mañana
desde mis pupilas.
Usted, una macana con 65 jáquimas encima,
marcha como titán y se sube en esa guagua,
con usted la cubeta jumbo
llena de mercancía pa' vender,
con usted la tribu fantasma
que le pinta la fe,
con usted Babalawo sobándole las coyunturas
con aceite quemao' y resina.
Tingó, Crisón, Madiba y Liborio,
todos dibujados
en el sudor de su frente, doña Tatá,
todos haciéndole reverencia.

ADREDE

El ácido de los días lentos
invade con acidez estomacal y neuronal;
así los días lentos fraccionan la tortura,
se diluyen con calma y provocan la tempestad.

El colmo de los días lentos,
y se colman de momentos aptos
para acelerar y dejar de ser tan inmaduros,
pero no lo hacen,
se detienen en el segundo del despegue.

La broma de los días lentos,
y bromean con tu humor;
con tu estampa y con tu paciencia
hacen chistes que no van,
golpean coyunturas sin cosquillas
y se regodean de momentos complicados.
Días babosos que no quieren madurar adrede.

ME GUSTA JOHN LEGUIZAMO

Me gusta John Leguizamo.
Dragueando en "To Wong fo...",
sobando el aire con su mano
recostada de un revólver
ornamentado con detalles
hilvanados y rupestres
como capa de torero,
como techo de catedral,
como tocado cherokee.

Me ha gustado siempre su latinidad cortada,
la forma en que el español
le marca la lengua gringa.
Y sí, su humor inteligente y retraído,
que en ocasiones se nota realmente nefasto
y en otras, realmente brillante.

Menú para mi funeral

Quiero seis instrumentos de viento en mi funeral.
Un saxo, dos flautas, una trompeta,
un trombón y una armónica.
Los quiero a todos ustedes vestidos de algodón,
con el pelo suelto y la sonrisa revuelta.
Los quiero con su libro favorito
en la mano derecha,
con una copa de licor en la izquierda.
Que bailando le reciten los versos
más preciados a mis cenizas.
Que pinten mi urna con los colores nuevos,
creados por ustedes,
mezclados con su sudor.
Dando vueltas con sombrillas New Orleansinas.
Que me despidan bailando Son y Jazz.
Que me digan hasta siempre
mientras perciben felices
la sangre que recorre sus venas.

PUERTO DE LA MUERTE

Puerto de la muerte,
así bautizarán a Sansoucí a partir del día cero.
Cuando el tiempo se paralice,
de las lágrimas de Yemayá
nacerá un hechizo aterrador.
Del fondo de la mar
saldrán flotando los cuerpos,
todas las hijas de la luna
volverán a reclamar justicia,
flotarán en las aguas
y encallarán directo en el ferry
y en los pesqueros.
Que la cúpula de turistas sea testigo,
que se espanten, que vomiten,
que se les encoja el alma.
Que este mar de cuerpos muertos
avise que en la isla encantada
la inquisición no ha terminado,
que aquí las brujas aún son asesinadas.

LA ALQUIMIA DE LOS SENSATOS

El elemento verde y medicinal
en medio de la trufa.
Las costritas quemadas
en el asado sobre palos secos
y sin pulir, al fuego silvestre,
sin llama domada,
protegiendo al corazón.
El punto y coma
y su incomodad necesaria para diferir,
argumentar o remojar.
Las líneas tiesas en el lino,
la impasible, inalterable,
inquebrantable suavidad en la seda.
El color frío en medio del óleo caliente.
El ocre pálido, los ocres duros,
lo marronuzco que eleva
la nitidez de los amaneceres.
Las sombras voluntarias.
La alquimia de los sensatos en todo,

el paso en reversa para sostener,
el manto que no se ve pero que acoge,
que traza, que suspende las espaldas cansadas.

El truco en el soplo al oído,
la recreación de la voz de la conciencia,
pero más melódica, más convincente,
nunca servil, pero siempre esperanzadora.

El titiritero a galope

Sopla, centauro, que Troya te pertenece;
suspende tu hoz encima de sus cabezas y corta.
Releva a los necios y conviértelos en tus súbditos,
no los corrompas,
solo usa su osadía en tu beneficio.
Suspéndelos de tus dedos
y que los hilos bailen en guitarra flamenca.

Cabalga duro y con fuerza
por los campos del barrio hostil .
Redobla los tambores
cada vez que una nueva alimaña
se monte en tu lomo,
te rinda tributo, te bese las orejas
y te jure lealtad.
Recojan pueblo, tranquen a sus bestias,
que llega destrozando el suelo,
el titiritero a galope.

PERPETUA

Me sajé el cuello
con la uña menos afilada de mis dedos.
No le permití llegar a la yugular.
No me dejé quitarme la vida.

Pulí mis dientes por días
y con mis colmillos
mordí el cuello de mi carcelero.
No le quité la vida.
No les dejé quitarme la dicha
de no haber matado.

Disolví
con el sudor de mi frente
el barrote mejor forjado en mi celda.
Dejé tan delgado el acero,
cual aguja de rueca amaestrada;
no lo corté, no lo quebré ni me quebré.
Mi libertad está intacta

y baila entre su gruesa o punzante presencia.

He leído a oscuras
todas las obras que grabé en mi memoria.
Quemé mis libros en la entrada,
invocando al sol en este infierno del sur.
Puse mis manos sobre la llama.
No me vieron llorar,
no me vieron no decir palabra.
No habrá dolor que supere
el que yo misma me inflijo.
Soy dueña de mi dolor,
soy dueña de mi terror.
Ustedes no.

Ya no

Ya no me absuelvan de nada
soy inocente y lo sé;
ya no me entreguen nada,
la libertad me la otorgué yo misma,
empuñé el mazo en mis manos
y me declaré inocente.
Levanté a todos mis yos en línea jurada

y dicté veredicto al unísono.

Y cuidado...
Puedo comerme sus dedos
si intentan tocar mis alas.
No se preocupen,
que de aquí ya no necesito escapar.

Otoño en el Caribe

Se me fue la noche perdida en tus ojos.
Y es muy raro,
porque la noche suele insistir como gata.
Y se dibujó todo,
todo a carbón y a tinta rosada.
Como los atardeceres del otoño en el Caribe
que no cede a pintarse frío.
Yo asistí,
se dibujaron los arcos de lo que sería.
Y así, en medio de un café que se resistía
con todas sus fuerzas a enfriarse,
se me fue la noche perdida en tus ojos,
armada de encantos,
dispuesta a cancelar las manecillas,
aún con las consecuencias que recibiría.

Le rezaré a un reloj todas mis noches,
ese será mi santo.
El tiempo, y sus enseñanzas, mi religión.

Rezos por encargo

Toda mi fortuna
presente y futura
a mamá Rosa.
Todo lo que me ciñe al cuerpo
y me separa de su abrazo.

Me ha enviado corazones calcinados
pa' que aprenda.
Y una vez le rezó a mi lengua
para que se quedara quieta.
"Cállate muchachita,
déjame terminar el rosario".
Y no le tiemblan las manos.
Y su voz es sedante,
sedante como chocolate de agua tibio,
la cálida bienvenida que me daba
en el mismo jarrito del anís.

Y se extiende por todo el lugar

colgando el rosario de un hilo.
Descose maldiciones,
me conmueve hasta el desvelo.
¡La buenaventura bendiga a esa Prieta, carajo!
El encargo de un rezo sin siquiera pedirlo.
La percepción inmaculada.
Ella lo sabe y los arma,
suelta el encargo al viento,
desliza sus manos en la meseta
y vuelve al quehacer.

PRONTA LA SÁTIRA

Pronta.
Rápida la sátira que marcha y se desvela.
Tan rápida que quiere adoptar una realidad.
Sorda y ciega la sátira vuela suelta.
Reposa virgen en el oído derecho del mezquino.
Y así, desvirtuada en su sutileza toda,
cumple la sátira con hacerse virtuosa en engaños.

Surge la sátira esta vez convertida.
Apretando su garra en un pensamiento manso.
Ahorcando las virtudes y las luces.
Soneteando falsos versos,
convenciendo pensamientos débiles.

Y así va la maltratada vibra del mezquino.
Maltratando incluso
las virtudes de la sátira selecta.
Que si reposa en su oído,
consigue convertirse en odio.

en palabras arqueadas para dar estocadas,
en hiel, en corte, en paliza, en sistema,
en doctrina, en yugo, en tributo, en mal augurio.

Soneteado el odio que antes fuera sátira.
Viaja enlazada a la lengua del mezquino.
Buscando oídos izquierdos
en donde depositar su ponzoña.

LO CRUDO

Ocúltense,
que la tarta que guarda
los trucos para amordazar las verdades
está a punto de quebrarse.
No varíen el argumento.
No se atrevan a probar el plato
y a dejarse seducir por el betún brillante
o por el aroma dulce.
Sedentarios en un rincón oscuro,
no abran la boca.

El dulzón les está quitando la visión periférica,
pero no teman.
Palpen con las manos
y sientan a su izquierda,
sientan a su derecha.
Esa masa, esa sensación viscosa
y repelente, ese palpar carne.
Palpen un poco más y aprieten el puño.

Palpen un segundo más en el suelo
y remuevan el trozo más grande
que puedan sus puños sostener.

Respiren profundo y de un solo bocado,
sin dudar y en trance, coman todo.
Arranquen.
Con los dientes destrocen.
Obvien el sabor y engullan,
saboreen sin piedad,
contengan la respiración un segundo más
y continúen mordiendo.
Que no les distraiga el salivar ni las arcadas.
Sacudan fuerte la cabeza.
Y traguen.

Abracen ligeramente
y de manera paulatina
la serenidad.
En la calma respiren de nuevo.
Sacúdanse los restos de la boca
y limpien el sedimento con sus ropas.
Respiren y sientan el silencio penetrante
de un bocado de realidad servida para ustedes.

Disfruten los nuevos sabores
que se les presentan en reverencia.
Otórguenle un sí a su métrica naranja,
que se ríe en la acidez crítica
de la delicia que duerme sin miedo.

Beban un sorbo de sabiduría
y párense de la mesa.
Sigan su camino y anden confiados.
Corran si les apetece.

ELIS REGINA

Provoca sacar de tus dientes
una varita humeante.
Provoca sacarla para ver
si tu sonrisa es una suerte de truco.
Provoca desmontar los secretos
detrás de tanta magia.
Provocas, me provocas,
la curiosidad natural e inquieta.
Resbalo mi piel por tu espalda
buscado un agujero brillante,
hurgo en tu cuello
sin encontrar ni una chispa.
Estoy segura de que tus senos pequeños
guardan algo de purpurina.

Una escena a blanco y negro,
no somos dos amantes.
No somos cómplices,
soy yo encontrando en tus coyunturas

la puerta en la que apareces y desapareces,
el portal, la maniobra detrás de tu acto.
Soy yo buscando no olvidar
que la tierra no pare
criaturas etéreas e imantadas.
Soy yo buscando no desvanecer
mis asépticas ideas
de un planeta carente de magia.
Pero no me dejas.
Ni tus notas, ni tus dientes,
ni las perlas de tus pezones,
ni tu clítoris resguardado
muestran ni rastro
de algo menos que fantasía.

Del humo hundido en tu boca
nacen figuras acústicas,
sexo indeleble que se marcha con el aire,
que es tu garganta que dibuja,
que es tu alma quien boceta.
No has de irte sin que te encuentre el truco.
No es ese atajo químico
que provoca la magia
que te sale exprimida de la médula.

¿Muerte? ¡Otro de tus trucos!

No me rendiré y de eso puedes estar segura.

Si es ese el nuevo acto, no te servirá de mucho,

pues es para mí tan simple seguirte,

sabiendo que bien natural es el morir.

Si es detrás de tu magia, te persigo,

es tu alma quien mejor lo explicará,

es tu esencia quien mejor me describirá el secreto

y te seguiré vida tras vida, hasta encontrarlo.

Porque tanta magia no se disuelve

en los escombros de tu cuerpo,

ni del mío.

De paso

Y aunque lo dejemos morir,
hagámoslo delicadamente y con elegancia.
Conservando en tarros de barro
el cariño otorgado.
Para ofrecerle honores en el recuerdo replicado,
en la memoria táctil,
en la sonrisa agradecida.
En el te quiero ahora,
y te querré siempre.

Caperuza no le teme a nada

Caperuza no le teme a nada.
Ni al puñal, ni al deseo, ni a las alas.
No le teme a su risa
ni a la risa burlona
de los que persiguen su desdén.

No le teme ni siquiera al silencio,
ni a que llene la nada
con su incómoda presencia.
Caperuza no les teme a los recuerdos,
menos al que dejó su padre en su pelvis desnuda.

No le teme al frío literal,
no le teme a frío poético,
ni al banal y menos al metafórico.
Tiene tiempo sin temerle al fuego,
ni a las dagas ardientes.
No le teme al temor,
la muy valiente no le teme al olvido.

Caperuza no le teme al mar,
ni a las bestias, ni al clima.
Se mete en la tierra herida
y deja que las alimañas coman de su carne viva.
No le teme al viento,
se deja en la brisa
y permite que la azote contra las montañas.

Desde hace mucho
Caperuza busca miedos nuevos.
Se come las espinas
buscando sentir el ardor
del aviso previo de peligro.
Busca en los frascos de su bruja favorita
alguna yerba obsesiva
que amenace con quitarle la vida.
Pero cuando lo intenta,
Caperuza se ve sin emociones a la vista
y bebe el contenido
sin siquiera ver temblar su mano.

Caperuza busca ser esclava.
Procura tal locura
para acudir a un regazo cálido

que le quite lo sola
y sentirse al fin susceptible
a la inclemencia del miedo puro.

CANVAS

El poder de un pensamiento
y el golpe que le concede
a la fuerza vital del guerrero,
Siddhartha lo supo antes que yo,
pero él sí hizo algo con el dilema.

Atormentando a los justos,
llega la bilis del reproche
a cortar con su acidez
la sinfonía bacteriana
de una mente que cosecha
nuevas y profundas consignas.

Un retrato enorme
de lo rudo que es el pensar de los enigmáticos.
En el canvas ya frívolo de una mente distraída,
se plantan colores no invitados,
pinceladas indiscretas,
trazos que cubren lo indispensable.

Ese canvas de superficie infinita
termina a merced de las líneas,
rayones mezquinos que le simulan meridianos,
trazos azarosos que delimitan en fronteras,
como si toda esa mierda en realidad existiera,
como si toda esa mierda en realidad importara.

A MEDIO CAMINO

No estoy tan triste.
No estoy tan herida.
No soy tan fuerte... (aún).
No soy tan ligera.

Y aunque no aprieto tanto los puños,
no suelto el agarre ni muerta.

No voy tan de prisa,
pero tampoco cancelo el paso.
No me gusta dejar de trotar,
pero la invitación a correr por correr
la veo como un mal augurio.
No me quito nada,
no me pongo espejos.
No me aterran las desventuras
pues vengo de la matriz del desastre.
No como boberías,
aunque quisiera ser más boba,

sin que la predisposición
me hiciera ver las ventajas de fingirlo.

Soy como esta isla que me parió:
Una guarida de cimarrones.
Imposible de ubicar.
Una tendencia a la genialidad
y la tumba de ese concepto del ego.
El desapego a lo que no procure placer.
La tendencia a no olvidar el cómo olvidar.

No siempre quiero ser tan Caribe.

Y estado más caribeño no hay.

BELLAQUEANDO

Papiiito ¡Jesuuuú!
Es armado con sutileza que está ese bellaco,
torneado, acogedor, de costras ligeras,
de costas groseras.
Lindoso,
y más cuando lo agarras creando,
sacándole chispas a esas cuerdas,
pasándole el dedo más curioso
a las notas más húmedas,
meciendo sus bien acoplados labios
sobre las pieles que, en lienzo vacío,
se le brindan al cincel de su lengua.

De esos que bien podrían prescindir del
cuerpo, papito de alma gustosa.
¡Carajo! ¡Muchacho!
No le hagas eso a una,
llévanos con cautela,
que se nos nota en la cara.

Ritual papaya

Escribe seis letras en su manto.
Y la papaya la ralla toda en el suelo.
Catrina, la bruja negra,
dibuja en el piso frío
con la sangre de su acertado presagio.
Otro intento caduco
en el caldero prieto
desde la luz naranja de su Sacro.
Otra orquesta suspendida.
No sonarán las trompetas
ni los cueros engrifados.
Su vientre de nuevo sangra,
ella lo quiere habitado.

Ritual papaya se unge buscando vástago.
La fruta sumergida en los óleos de cártamo,
palma, almendra, ricino,
coco blando y coca cruda.
Sumerge en la unción

unas gotas de rojo menstrual.
Tragando como fuego, con el cuerpo desnudo,
acuñado por mil lamentos y un pesar.
"Quiero vástago negrito y de azufre.
Yayá, quiero carne de mi carne.
Sacudiré mis venas
para que bailen todas las noches
en honor a tu espíritu, Yayá,
que como látigos se estiren
y ahorquen el tiempo,
que la danza dure lo que tenga que durar.
Saciaré tus ansias de cortejo
y compañía, Maña Prieta,
me sentaré en tu regazo
recitándote los versos a Babalawo,
con la comarca estancada de San José,
cultivando un perdón
y con las lágrimas de Santa María
comiéndose su placenta
en honor a la mentira que la hizo mujer
y redentora sin permiso.
Cada noche, Yayá,
toda la savia de mis deseos
correrá por tus venas,

y ungida seguiré hasta el cansancio
pidiéndote vástago nuevo en mi vientre,
y lo más importante, vivo,
porque es vivo que lo quiero Yayá".
A la luz de una noche
sedienta de nuevos sollozos,
marca Catrina los pasos en los rezos de los fieles.
Todos en su nombre,
vendidos a su espíritu
a cambio de favores hechizados.
Toda oración en la tierra,
todo clamar al cielo o al infierno.
Todo saludo al sol,
toda cabeza en dirección a la meca,
cada tefilá, todo rezo de rodillas,
en loto zen, en manos cruzadas,
en manos en penitencia.
Cada plegaria dispuesta a su reclamo,
cada llanto atribuido
y retribuido a su desventura.

Que la Papaya le lleve todo lo bueno.
Que la Papaya la lleve a todo lo bueno.

Este libro es también
un resguardo y un talismán.
No uses sal cerca de sus páginas,
dispuestas y publicadas
en el verano de 2018.

Otros títulos de Zemí Book

En el cruce del kilómetro 29, un conductor se agacha a buscar el estuche de CDs que se le ha caído, y salta la aguja en el disco de su vida. Un fetichista apenas puede controlar sus urgencias en una reunión de trabajo. Un hijo y su padre muerto se combinan para quebrar una banca de apuestas. Un surfer entrado en años rememora sus días de juventud mientras escucha a Pink Floyd y conversa, ¿con quién exactamente? Estas son algunas de las historias contenidas en este maravilloso volumen de Miguel Yarull que incluye "Montás", el cuento que posteriormente se convierte en el hito del cine dominicano y caribeño La Gunguna. Un libro muy esperado y que abre el camino literario a uno de los guionistas más cotizados de la República Dominicana.

"Desafiante, irreverente y magistral. Un cantar de gesta a la vez épico y satírico donde los derrotados, en un Caribe siempre intervenido, son los únicos héroes."

Luis Negrón

ZEMI BOOK

PEDRO CABIYA
Reinbou

Nueva edición

**La novela que inspiró la película
protagonizada por Nashla Bogaert.**

La febril y fecunda imaginación de un niño en el Santo Domingo de los años setenta posee la poderosa virtud de transformar su entorno de manera vertiginosa. Las pequeñas revoluciones que desata en el barrio donde vive van deshilvanando intrigas de la Guerra Civil de 1965 --ocurrida apenas diez años atrás-- y sus derivas en la sociedad dominicana del tercer milenio. Armado del singular estilo que lo caracteriza entre los narradores del continente, Pedro Cabiya nos sorprende con un verdadero festival de personajes memorables, al tiempo que anuda una trama tan espectacular como conmovedora, apropiándose de la memoria histórica con la gracia e ironía de los grandes maestros.

"Mientras otros escritores cultivan géneros literarios, Pedro Cabiya se los inventa. He aquí una novela inclasificable, pero que servirá para clasificar todas las que vendrán después."

Bautismo López-Madison

PEDRO CABIYA
Tercer mundo

Próximamente

Orishas, santos, luases, demonios y ángeles retozan en un Puerto Rico fantástico que solo la fértil imaginación de Pedro Cabiya pudo haber concebido. Diferentes ministerios de la burocracia administrativa del multiverso compiten por recuperar la valiosa mercancía de un contrabando sideral abandonado en Santurce, capital de la República Borikwá... Pero sustraer ese botín no será tan fácil como creen. Sátira política y parodia cósmica se combinan en un entramado de espionaje y acción donde las grandes preguntas de la existencia comparten espacio con el humor más profano, produciendo una novela que se resiste la clasificación dentro de los géneros conocidos, anunciando uno nuevo. Precuela de su inmensamente popular novela *Trance*, *Tercer mundo* promete, como su antecesora, una lectura imposible de interrumpir.

Vuelve a imprenta
el éxito pulp de los años 70

Rubén, un veterano periodista, está disfrutando de unas merecidas vacaciones en la República Dominicana cuando su asueto se ve interrumpido por un racha de avistamientos de OVNIS en Puerto Rico, adonde rápidamente acude a investigar. A partir de entonces, nuestro protagonista se ve involucrado en una de las más exageradas y enloquecidas tramas de la estética pulp. Luego de entablar amistad con la misteriosa y seductora Madame Rosafé, y haciendo un recorrido por República Dominicana, Haití y Puerto Rico, el periodista se enfrenta, inconcebiblemente, a platillos voladores, zombis, brujos, médiums, macabras iniciaciones, mambos, extraterrestres y, por supuesto, a los escurridizos y silvestres garadiávolos. Kitsch hasta más no poder, esta novela del enigmático Alfredo García Garamendi nos provee una estupenda ventana a las neurosis, cultura popular y malaise colonial de esos años turbulentos.